Descubre todos nuestros juegos **de sopa de letras para niños.**

Cómo Jugar:

Debe buscar y rodear cada palabra dentro de la cuadrícula que está en la lista.

Direcciones:

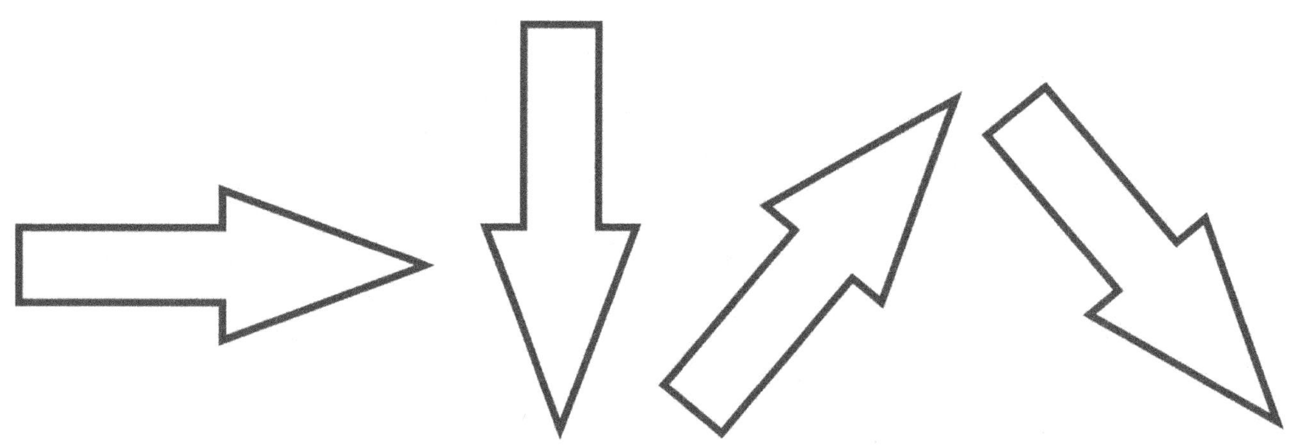

NO HAY PALABRAS AL REVÉS

ESTE LIBRO PERTENECE A:

____

Número 1

```
H  U  Ó  Ú  Á  R  O  F  S  Á  T  A
Ñ  C  S  R  Ó  C  C  C  D  F  O  U
D  I  N  D  I  A  W  É  A  I  C  K
A  Z  M  X  Ñ  X  Z  L  Í  Á  H  R
Q  Z  É  J  O  Q  W  V  T  V  I  A
A  M  Ü  X  Q  Ü  B  Á  S  K  P  N
V  F  M  O  N  G  O  L  I  A  R  I
T  J  Í  F  Y  B  P  T  M  T  E  A
G  B  I  E  L  O  R  R  U  S  I  A
L  M  V  Q  U  G  F  R  F  S  Ó  Ü
É  K  F  U  É  Ñ  Á  G  F  C  Ü  Ó
Ú  K  D  T  X  Ú  T  M  P  Ü  N  A
```

MONGOLIA   MÉXICO

UKRANIA   CHIPRE

BIELORRUSIA   INDIA

Número 2

```
J  R  Ü  R  M  A  D  Ú  D  H  K  Z
Z  É  E  U  A  Ó  T  R  G  V  Ü  T
Ü  Ñ  D  S  C  R  V  B  Q  V  T  Z
R  U  B  I  E  Ü  Q  N  K  O  C  C
S  E  G  A  D  K  Q  Ú  F  É  Á  G
M  I  Á  A  O  L  K  Ó  J  C  Ú  E
A  Ó  A  Y  N  G  Ú  E  K  M  D  Á
L  C  Ú  I  I  D  Ó  D  O  X  S  Q
T  H  J  L  A  C  A  Í  X  N  M  Q
A  Ü  S  E  N  E  G  A  L  S  V  X
F  V  Y  Ú  A  R  G  E  L  I  A  I
Ü  I  E  B  Ó  I  J  Ñ  M  D  H  B
```

RUSIA   MALTA   ARGELIA

MACEDONIA   SENEGAL   UGANDA

Número 3

```
Q  L  I  Ü  E  S  P  A  Ñ  A  K  D
P  T  L  H  Á  F  V  O  M  A  L  I
K  Ñ  Ü  R  Z  Ü  Ü  C  T  X  O  Ñ
M  T  V  B  Y  X  W  D  A  Á  Ü  Y
C  H  I  N  A  U  R  K  N  Ñ  H  C
E  C  F  K  J  K  Á  S  Z  L  H  A
P  A  Y  B  O  T  S  W  A  N  A  N
U  I  A  H  Í  Ü  F  J  N  Ó  R  A
P  H  Ñ  Y  É  Y  J  H  I  Y  Ñ  D
Á  C  T  L  E  A  L  U  A  X  Í  Á
K  K  Ú  I  F  X  C  B  Ó  Q  W  O
R  U  D  U  A  Ü  P  M  P  I  M  Ü
```

MALI   CHINA   BOTSWANA

CANADÁ   TANZANIA   ESPAÑA

Número 4

```
E  K  I  É  X  Ñ  Y  Y  O  Ó  B  Q
T  J  B  W  B  B  G  T  O  K  Ü  Ü
R  G  P  J  C  Í  P  R  V  K  K  Á
M  I  G  R  H  I  É  G  E  O  D  A
S  S  W  Q  G  D  Ú  X  N  C  W  F
É  U  I  E  C  B  Z  Z  E  J  I  S
R  I  L  Z  A  R  M  Ü  Z  Q  B  A
Q  Z  Q  U  M  E  C  U  U  G  B  H
R  A  Ú  P  E  O  Z  F  E  Í  E  G
Í  Ó  Á  K  R  Ó  Ü  Ü  L  C  N  O
Y  Ü  A  M  Ú  L  F  W  A  N  I  G
B  L  O  Í  N  G  É  Ú  N  A  N  V
```

EGIPTO   **GRECIA**   **CAMERÚN**

VENEZUELA **BENIN**   **SUIZA**

INDIA

C	Q	U	K	H	M	A	B	Z	T
W	Y	P	S	K	I	T	M	J	M
M	E	B	R	D	S	Z	O	U	H
E	F	M	N	B	D	H	W	Y	Q
Q	B	I	A	E	G	Q	K	Z	W
D	S	W	L	E	E	V	I	J	P

ESPAÑA

Número 5

```
R  Ó  K  D  C  W  Í  B  X  I  H  Ó
Y  Y  N  W  Á  X  C  C  A  Ú  I  T
Á  D  Q  D  X  I  O  I  O  A  P  Ü
M  B  P  T  C  Ü  N  F  H  T  H  W
J  Q  D  U  V  E  G  R  H  C  M  Y
C  B  L  S  V  Ü  O  V  F  U  O  R
P  F  R  O  Z  B  G  G  Í  N  N  G
Ñ  T  L  S  T  K  Á  Q  Ó  M  A  U
J  S  D  V  A  Q  I  T  Ñ  H  C  I
E  T  J  P  M  U  N  W  Ñ  Z  O  N
M  A  R  R  U  E  C  O  S  C  Ü  E
W  K  E  N  I  A  Ü  H  Ü  É  K  A
```

MONACO	ESLOVENIA
CONGO	KENIA
MARRUECOS	GUINEA

Número 6

```
F M F O F K Z Y W A P J
R É O I E Ú T Ñ Y E Z Ó
L J Ü L L R Ü J Q C X Í
Ü A Á A D I V K Z T Q D
E Ñ A V U A P O É U E S
P Z W Ñ Ó S V I Y A B U
P U A J Ú Z T I N T D E
T Q E M Ó A Ñ R A A D C
B D E I B I T G I U S I
É A R L W I D Í G A Ñ A
P B Ú T C P A Ú Q O B H
B D E S L O V A Q U I A
```

ESLOVAQUIA	MOLDAVIA
FILIPINAS	SUECIA
ZAMBIA	AUSTRIA

Número 7

```
X  Z  Ü  P  Y  E  M  E  N  D  É  C
Í  X  Í  A  Í  P  D  N  A  E  O  Z
L  Ñ  Y  N  E  Y  P  F  N  B  J  B
M  Á  B  E  R  F  X  Ñ  Ú  C  É  Ü
G  S  U  D  Á  F  R  I  C  A  U  G
U  I  L  H  Ü  Ñ  V  U  R  B  E  B
Ó  Á  G  L  U  Q  B  I  Ñ  O  J  B
Ñ  J  A  K  E  M  I  Ñ  M  V  A  T
R  J  R  Ó  C  S  C  M  U  E  M  V
H  A  I  T  Í  U  O  N  Q  R  Í  P
K  É  A  F  N  I  Á  T  Ú  D  X  E
Y  Á  I  J  T  Q  Q  E  O  E  Í  T
```

YEMEN   HAITÍ   CABOVERDE

SUDÁFRICA   BULGARIA   LESOTO

Número 8

```
S  Ñ  F  T  Ü  R  C  M  Í  H  A  Ú
O  F  E  Z  R  M  A  T  N  I  A  E
G  J  T  E  Ñ  N  Ú  O  N  X  R  A
U  F  N  S  T  G  S  O  Í  D  G  N
Y  P  R  E  U  É  L  E  U  P  E  N
A  Q  I  V  O  O  P  E  R  O  N  I
N  V  D  J  P  H  F  O  H  B  T  B
A  Q  Y  A  X  G  Á  M  Ñ  É  I  J
Z  R  D  P  A  L  T  S  P  P  N  A
T  D  D  Ó  U  T  W  L  Ü  Q  A  Á
Ó  Ñ  G  N  M  K  X  F  Y  N  D  A
M  Z  Z  T  Á  A  E  M  Ó  P  Ó  U
```

ARGENTINA **GUYANA** **SERBIA**

POLONIA **VIETNAM** **JAPÓN**

EGIPTO

A	W	E	Y	B	M	L	L	E	T
E	U	G	J	H	X	I	I	L	L
F	X	I	Y	A	C	F	X	M	V
V	P	P	G	E	C	Z	S	S	H
M	R	T	D	B	B	Z	L	C	X
X	X	O	X	R	A	S	T	Q	Y

FRANCIA

Número 9

```
F  I  N  L  A  N  D  I  A  Í  R  K
V  S  U  R  I  N  A  M  U  W  Y  P
O  L  R  É  I  Z  K  Ó  B  M  R  V
Ú  X  C  H  Ü  I  N  D  I  A  J  L
G  N  O  M  U  Ó  U  Ü  A  D  U  Ñ
U  Á  S  Ñ  N  A  Ó  S  M  A  É  N
T  Y  T  L  Á  J  U  T  Z  G  T  E
G  U  A  T  E  M  A  L  A  A  T  P
V  Ñ  R  Q  P  Ü  K  Ñ  É  S  P  Ó
D  I  I  Z  N  K  H  Í  G  C  Í  M
U  Q  C  O  K  Ó  Ú  E  Ú  A  Q  F
X  T  A  H  Ó  P  Ó  O  Y  R  H  D
```

SURINAM	USA
GUATEMALA	COSTARICA
MADAGASCAR	FINLANDIA

Número 10

```
P  H  Ú  H  I  M  É  B  N  X  Ú  M
K  W  X  F  Ú  E  Á  Z  Y  Ü  C  W
J  C  Ñ  G  H  A  N  A  Q  Ñ  O  A
P  Á  U  Í  X  Ü  F  R  Q  X  L  K
W  H  Z  Ú  A  Z  W  A  D  G  O  R
Z  H  Á  E  Y  G  I  M  L  Z  M  W
Ñ  Q  R  P  R  C  X  I  Q  B  B  A
Ü  O  M  S  O  P  K  E  H  Y  I  G
C  R  Á  C  D  Ü  I  S  G  Ü  A  A
A  B  S  O  Ñ  R  U  A  N  D  A  H
Ü  E  Á  Á  Ú  Ó  F  P  E  R  Ú  S
E  Z  C  M  D  N  Ó  E  Ú  Ñ  Z  X
```

RUANDA	PERÚ	GHANA
ESCOCIA	COREA	COLOMBIA

Número 11

```
G  I  G  Á  P  D  Ú  U  A  S  Q  D
N  D  E  H  O  N  D  U  R  A  S  Z
B  O  I  N  X  É  Á  C  N  G  Y  T
T  M  P  T  I  I  Ñ  Z  A  W  W  J
Ú  I  Y  L  U  W  I  M  M  N  D  V
N  N  Ú  B  E  J  N  E  I  U  Q  J
E  I  Ó  D  É  Z  R  É  B  K  A  I
Z  C  V  I  D  L  X  D  I  Í  M  A
U  A  E  V  D  Á  G  Z  A  Q  H  M
V  N  Q  C  J  Ú  Q  I  W  Á  O  Á
T  A  J  Á  N  Ü  L  P  C  Y  Y  P
L  Í  B  A  N  O  V  H  C  A  M  E
```

DOMINICANA	NAMIBIA
TÚNEZ	LÍBANO
BÉLGICA	HONDURAS

Número 12

```
I  J  R  V  Ú  P  Ó  B  Y  P  E  Á
O  M  Á  N  A  Ú  É  G  W  U  M  É
N  D  C  Á  G  Á  H  É  H  A  Y  R
S  I  L  F  Q  W  F  B  N  E  Í  V
A  N  B  C  W  H  Ü  A  L  I  V  Z
L  A  C  R  Y  Í  P  H  I  B  Á  L
V  M  A  N  A  V  R  D  T  Z  J  X
A  A  D  M  P  S  Í  O  U  G  L  R
D  R  C  Z  R  A  I  E  A  Ú  F  G
O  C  R  Á  Ú  W  B  L  N  X  J  F
R  A  Y  A  É  E  Ü  Í  I  O  R  U
Z  Ü  C  U  V  E  X  Ó  A  Z  J  Ñ
```

DINAMARCA **LITUANIA** **BRASIL**

SALVADOR **OMÁN** **PANAMÁ**

ITALIA

F	P	N	K	S	T	A	Y	H	A
A	H	L	U	L	M	Q	Y	I	T
N	C	A	C	N	L	R	L	K	L
M	X	W	F	Y	S	A	M	E	M
H	H	B	K	Y	T	T	I	C	Z
M	P	L	D	I	T	A	W	A	M

ITALIA

Número 13

P T A I L A N D I A L Z
D A E C U A D O R Ü A Z
W Y R B Á Í L A Ñ K U Y
S Ó A A Ü A B G G Í S H
L A S C G E R Y I É T Ú
E P U V K U Y M Q H R E
E Í F B T B A O E Ñ A J
Í W P Y R Ü Ú Y X N L F
U Z B E K I S T Á N I L
L F H S V K U P M P A A
B E Q Ó E S P O A S U D
F T H J R Ó B V K Ü Z Q

TAILANDIA   UZBEKISTÁN   AUSTRALIA

ECUADOR   ARMENIA   PARAGUAY

Número 14

```
F  L  B  O  L  I  V  I  A  J  G  J
É  Á  S  W  J  D  W  X  A  Ó  S  G
J  E  K  I  I  Í  L  I  C  A  Y  X
Ñ  S  Ó  A  Ó  V  N  Á  Y  X  F  Ú
K  F  J  R  U  A  E  O  U  G  R  K
P  Y  A  H  B  Q  B  C  E  Ó  A  S
L  X  M  L  R  M  Í  É  H  S  N  Y
P  O  A  U  A  W  F  Z  S  Á  C  Í
X  B  I  C  A  L  E  M  A  N  I  A
G  A  C  É  B  Y  Ñ  R  U  Z  A  C
M  G  A  A  Z  Z  Z  O  A  J  D  L
T  O  H  T  C  J  R  P  Z  Z  B  M
```

JAMAICA   CAMBOYA   FRANCIA

ALEMANIA   BOLIVIA   ALBANIA

Número 15

```
V  J  N  A  Q  F  U  J  Y  É  U  V
E  O  L  N  F  B  A  A  Ü  R  O  S
Ü  B  G  M  U  E  U  R  W  É  J  I
U  U  Ñ  A  X  G  V  Ú  H  L  E  N
E  Ñ  A  U  U  S  Ñ  K  U  Ú  Q  G
C  É  R  R  C  Á  R  T  N  X  Í  A
É  T  U  I  X  Q  O  Q  G  F  Í  P
Z  X  M  T  L  N  Ó  S  R  Y  L  U
Z  Q  A  A  Z  D  Ü  D  Í  Ú  I  R
A  W  N  N  Á  L  K  Í  A  P  P  T
D  K  I  I  R  L  A  N  D  A  S  W
B  Ó  A  A  É  R  U  E  Y  R  P  P
```

URUGUAY	HUNGRÍA	MAURITANIA
RUMANIA	IRLANDA	SINGAPUR

Número 16

```
X X T T Í Í P Ñ J P C Á
O K V H V M I K Í F F Y
B N F C P M B I C B V R
Ó Z D A S W H R Z U H R
C N Í T Z O W I Ó E Ú D
A I R A W S M B Í F X Y
Y G K R Ú U F A Ü Ó É F
K E A Q E D E T L Í Ñ G
R R Ú Ó Ú Á R I Y I K Y
P I P Q E N I T Í C A A
Í A I N É F T K R Ú M P
R Ü A F G A N I S T Á N
```

NIGERIA   KIRIBATI

SUDÁN   CATAR

AFGANISTÁN   SOMALIA

JAPÓN

K	J	E	E	A	F	O	X	H	C
B	J	O	Y	Z	A	D	R	G	M
N	R	A	Q	T	A	Y	O	D	G
X	K	W	P	J	J	I	O	P	G
C	D	N	P	O	N	H	Y	A	X
U	V	P	M	O	N	X	Z	V	P

TAILANDIA

Número 17

```
Y  Ñ  Ñ  Ñ  N  G  N  E  R  Ú  E  P  Á
T  L  I  B  E  R  I  A  T  L  G  Ü
Q  W  T  W  A  G  H  E  A  E  Q  U
Ñ  M  H  E  J  P  É  G  U  Ó  S  T
U  A  S  I  W  V  U  Q  É  Í  R  A
Ñ  L  Ü  Y  C  T  I  L  Ú  P  I  Z
Y  A  C  N  R  B  V  E  Y  W  L  Ú
M  S  É  O  M  M  Y  T  F  N  A  Ú
I  I  P  A  W  Z  N  O  V  Q  N  Q
K  A  Z  M  T  Y  Í  N  I  T  K  D
A  O  Ü  G  R  H  R  I  K  F  A  T
M  W  Ú  Ñ  D  D  L  A  E  M  M  K
```

MALASIA   SRILANKA

PORTUGAL   MOZAMBIQUE

LETONIA   LIBERIA

Número 18

Í P E Ñ S B A Ú E Z E S
K I E L X X Í F T I S T
I K N V N Í D É I Q T C
N T R O I H S A O G O U
G X L C E A F E P M N U
L R P Q B U R U Í V I Ñ
A F Q U M I M I A Z A J
T M C Ú Ú J T Ú Á É B T
E D V Ó E Ü Y A K D É R
R Ñ A I R A Q Ó L I É U
R H V P G O Ó R Í I C Ñ
A B N Í L Q B I S Ó A T

ITALIA   IRAQ   ESTONIA

ETIOPÍA   CUBA   INGLATERRA

Número 19

```
Y  U  R  P  L  Ú  G  E  Í  E  É  V
U  A  Ü  X  I  V  Y  M  C  Y  N  L
Ü  E  V  N  B  G  A  I  Q  Á  U  R
Z  Ñ  E  T  I  D  L  N  T  B  U  T
Ó  A  F  Ú  A  E  M  S  U  C  Z  C
I  N  P  Á  B  S  I  C  Á  A  R  R
G  G  A  U  C  K  G  A  Ñ  Á  T  Í
V  O  É  F  A  H  K  Á  Ó  K  Z  U
L  L  Q  P  E  G  I  H  J  S  Á  É
X  A  Q  É  Ú  O  K  L  X  N  É  N
A  P  U  L  Ü  W  Q  N  E  Í  D  Q
K  R  H  O  K  Z  B  O  I  V  F  P
```

ANGOLA   PAKISTÁN   BELICE

LIBIA   CHILE   VANUATU

Número 20

Ó W A Í T U R Q U Í A Z
H U P R X Y Ó P Ó Ó Ñ T
K A W S P Ü N F A J J G
Í L Ú J P M A I A D Y A
S G W Ó M G C I É G U B
J X E L K A D E K G K A
Á T Y K O N É Y A U X R
T M J R A M W R I P C É
Í Í C L Á V A Á P L E I
A W S O C C N I S W Y N
B I W Ó I K J U Ñ N G Q
I Ó E N O R U E G A M T

ISLANDIA   **CROACIA**   **NORUEGA**

TURQUÍA   **BARÉIN**   **NICARAGUA**

RUSIA

T	Z	M	A	C	R	P	R	W	Z
P	V	M	O	Q	D	C	U	J	X
S	F	L	T	M	A	T	S	R	U
V	N	A	C	X	W	W	I	D	R
S	P	V	Z	G	H	U	A	J	V
I	V	Z	H	U	S	T	E	U	P

AUSTRALIA

SOLUCIONES

Número 1

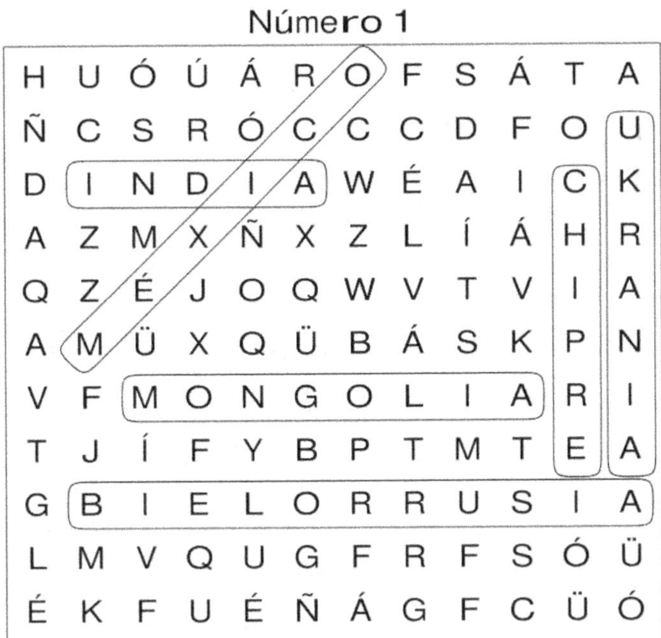

MONGOLIA MÉXICO
UKRANIA CHIPRE
BIELORRUSIA INDIA

Número 2

RUSIA MALTA ARGELIA
MACEDONIA SENEGAL UGANDA

Número 3

MALI CHINA BOTSWANA
CANADÁ TANZANIA ESPAÑA

Número 4

EGIPTO GRECIA CAMERÚN
VENEZUELA BENIN SUIZA

Número 5

R Ó K D C W Í B X I H Ó
Y Y N W Á X C C A Ú I T
Á D Q D X I O I O A P Ü
M B P T C Ü N F H T H W
J Q D U V E G R H C M Y
C B L S V Ü O V F U O R
P F R O Z B G G Í N N G
Ñ T L S T K Á Q Ó M A U
J S D V A Q I T Ñ H C I
E T J P M U N W Ñ Z O N
M A R R U E C O S C Ü E
W K E N I A Ü H Ü É K A

MONACO   ESLOVENIA
CONGO   KENIA
MARRUECOS   GUINEA

Número 6

F M F O F K Z Y W A P J
R É O I E Ú T Ñ Y E Z Ó
L J Ü L L R Ü J Q C X Í
Ü A Á A D I V K Z T Q D
E Ñ A V U A P O É U E S
P Z W Ñ Ó S V I Y A B U
P U A J Ú Z T I N T D E
T Q E M Ó A Ñ R A A D C
B D E I B I T G I U S I
É A R L W I D Í G A Ñ A
P B Ú T C P A Ú Q O B H
B D E S L O V A Q U I A

ESLOVAQUIA   MOLDAVIA
FILIPINAS   SUECIA
ZAMBIA   AUSTRIA

Número 7

X Z Ü P Y E M E N D É C
Í X Í A Í P D N A E O Z
L Ñ Y N E Y P F N B J B
M Á B E R F X Ñ Ú C É Ü
G S U D Á F R I C A U G
U I L H Ü Ñ V U R B E B
Ó Á G L U Q B I Ñ O J B
Ñ J A K E M I Ñ M V A T
R J R Ó C S C M U E M V
H A I T Í U O N Q R Í P
K É A F N I Á T Ú D X E
Y Á I J T Q Q E O E Í T

YEMEN   HAITÍ   CABOVERDI
SUDÁFRICA   BULGARIA   LESOTO

Número 8

S Ñ F T Ü R C M Í H A Ú
O F E Z R M A T N I A E
G J T E Ñ N Ú O N X R A
U F N S T G S O Í D G N
Y P R E U É L E U P E N
A Q I V O O P E R O N I
N V D J P H F O H B T B
A Q Y A X G Á M Ñ É I J
Z R D P A L T S P N A A
T D D Ó U T W L Ü Q A Á
Ó Ñ G N M K X F Y N D A
M Z Z T Á A E M Ó P Ó U

ARGENTINA   GUYANA   SERBIA
POLONIA   VIETNAM   JAPÓN

Número 9

SURINAM   USA

GUATEMALA   COSTARICA

MADAGASCAR   FINLANDIA

Número 10

RUANDA   PERÚ   GHANA

ESCOCIA   COREA   COLOMBIA

Número 11

DOMINICANA   NAMIBIA

TÚNEZ   LÍBANO

BÉLGICA   HONDURAS

Número 12

DINAMARCA   LITUANIA   BRASIL

SALVADOR   OMÁN   PANAMÁ

Número 13

TAILANDIA   UZBEKISTÁN   AUSTRALIA
ECUADOR   ARMENIA   PARAGUAY

Número 14

JAMAICA   CAMBOYA   FRANCIA
ALEMANIA   BOLIVIA   ALBANIA

Número 15

URUGUAY   HUNGRÍA   MAURITANIA
RUMANIA   IRLANDA   SINGAPUR

Número 16

NIGERIA   KIRIBATI
SUDÁN   CATAR
AFGANISTÁN   SOMALIA

Número 17

MALASIA

PORTUGAL

LETONIA

SRILANKA

MOZAMBIQUE

LIBERIA

Número 18

ITALIA

ETIOPÍA

IRAQ

CUBA

ESTONIA

INGLATERRA

Número 19

ANGOLA

LIBIA

PAKISTÁN

CHILE

BELICE

VANUATU

Número 20

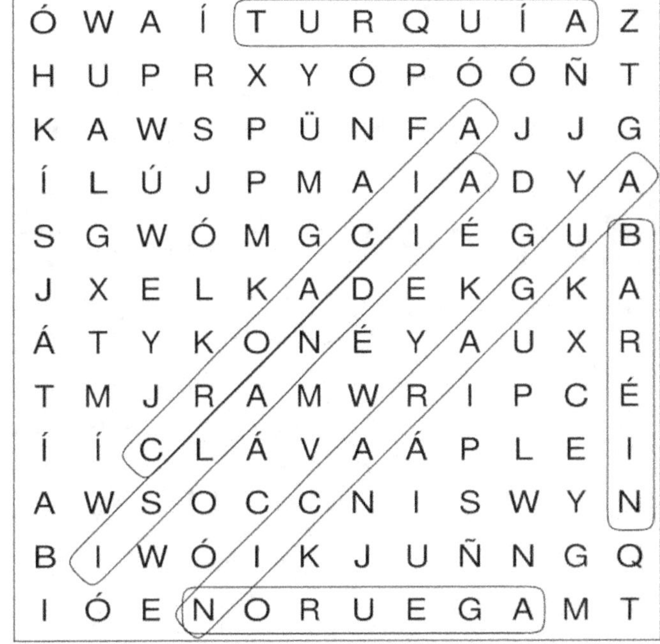

ISLANDIA

TURQUÍA

CROACIA

BARÉIN

NORUEGA

NICARAGUA

Créditos:

La portada ha sido diseñada usando imágenes de Freepik.com

"Designed by macrovector / Freepik"
"Designed by gohsantosa2 / Freepik"

SOLICITUD ESPECIAL

¿Qué te parece nuestro libro?

Realmente apreciaríamos que dejaras una breve reseña podría realmente ayudarnos.

www.ingramcontent.com/pod-product-compliance
Lightning Source LLC
Chambersburg PA
CBHW081921120726
47996CB00010B/3427